才不想把我渺小的人生交給任何人

僕のちっぽけな人生を誰にも渡さないんだ

中村一般

2019年
の
人生

「鬱金香」

「打工的早晨」

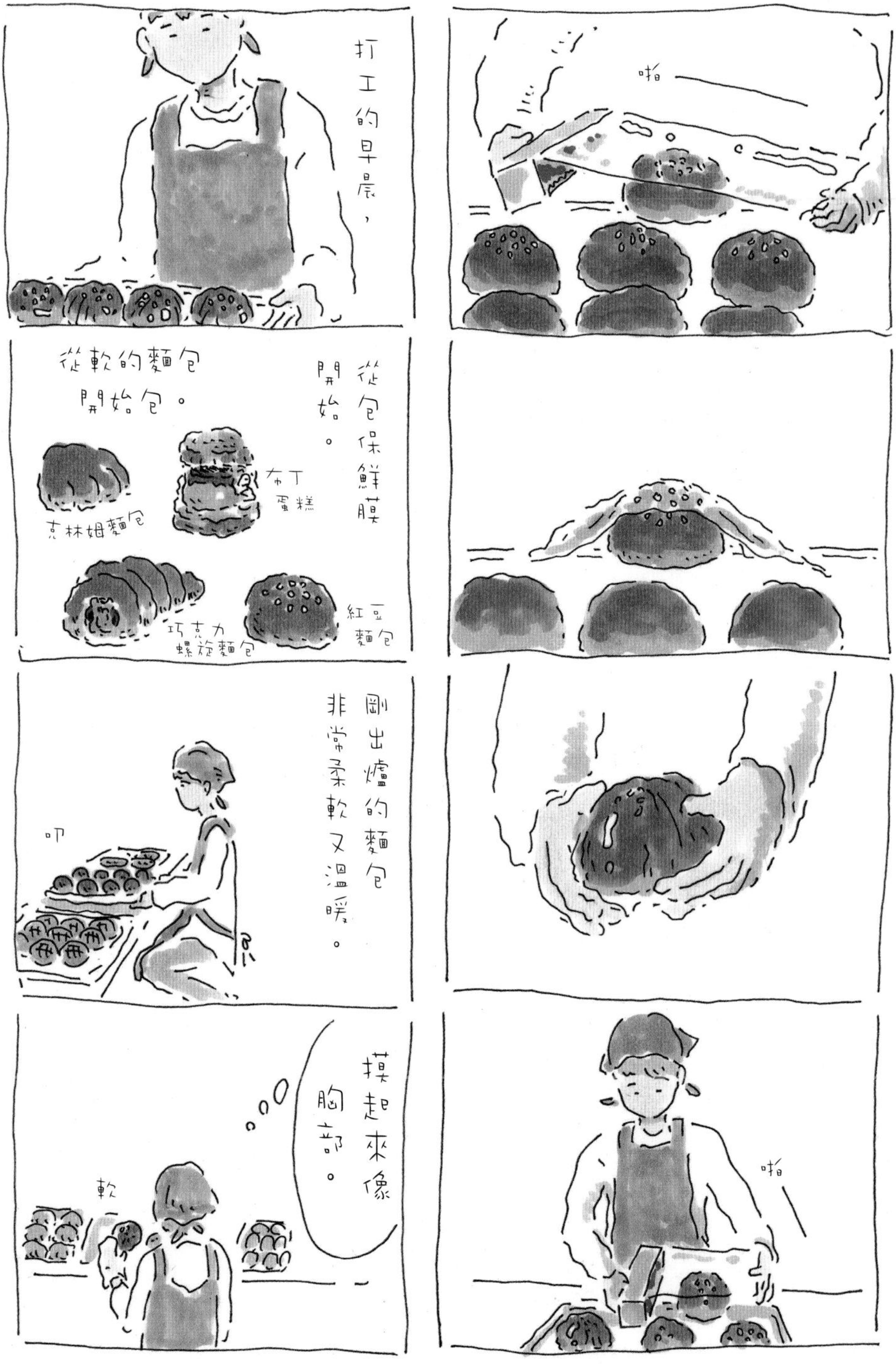

打工的早晨，
啪
從軟的麵包開始包。
從包保鮮膜開始。
克林姆麵包
布丁蛋糕
巧克力螺旋麵包
紅豆麵包
剛出爐的麵包非常柔軟又溫暖。
叩
摸起來像胸部。
軟
啪

「麵包超人」

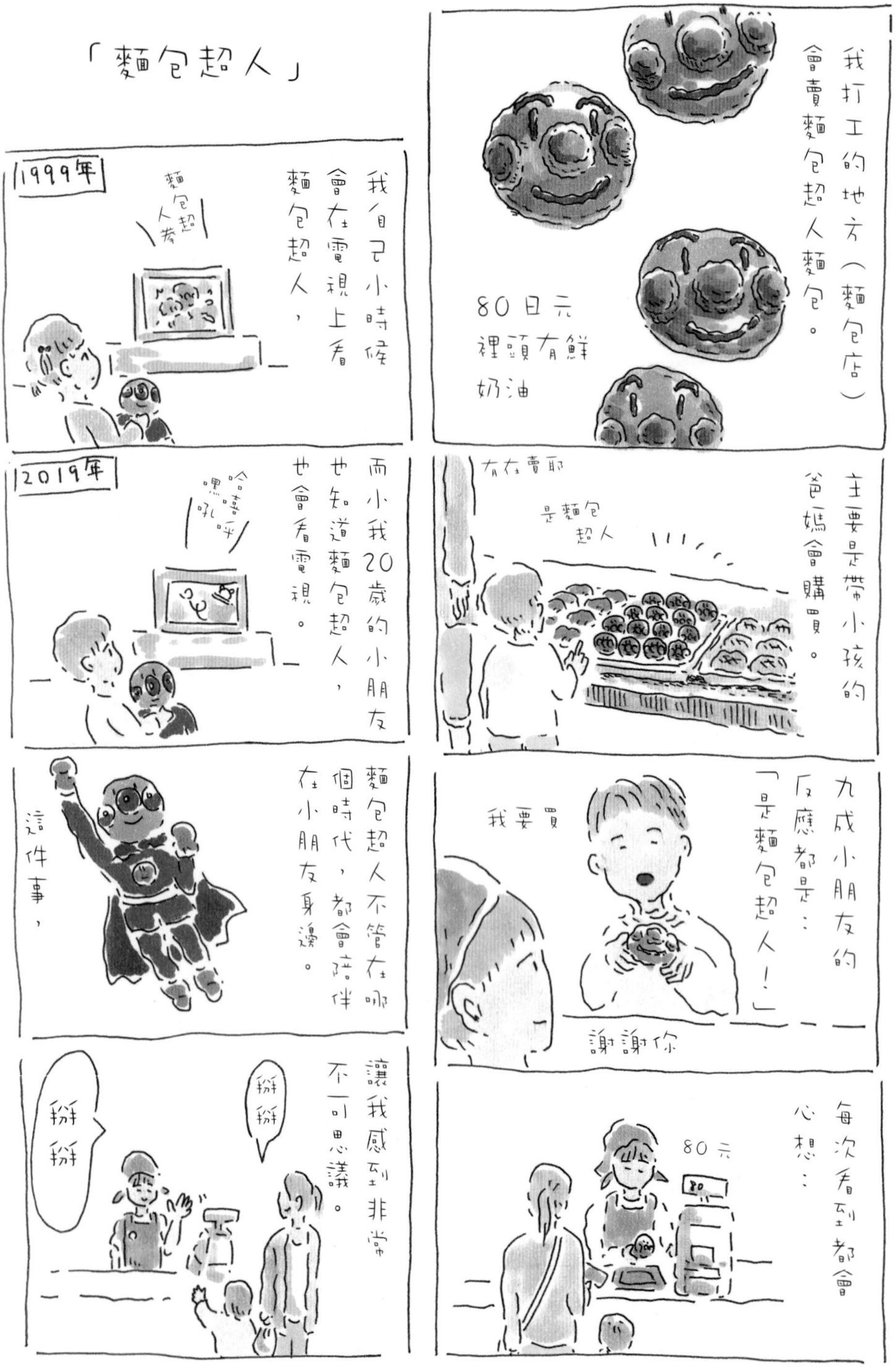
我打工的地方（麵包店）會賣麵包超人麵包。
80日元
裡頭有鮮奶油
主要是帶小孩的爸媽會購買。
有在賣耶
是麵包超人
九成小朋友的反應都是：「是麵包超人！」
我要買
謝謝你
每次看到都會心想：
80元
1999年
我自己小時候會在電視上看麵包超人，
麵包超人拳
2019年
而小我20歲的小朋友也知道麵包超人，也會看電視。
哈嘻呼
嘿吼
麵包超人不管在哪個時代，都會陪伴在小朋友身邊。
這件事，
讓我感到非常不可思議。
掰掰
掰掰

「天鵝麵包」

這麵包是麵包師傅大叔做的，
他正在研究小朋友會喜歡的動物麵包（似乎啦）。
所有的「好可愛」，背後都有一個職人。
吃掉很可惜耶。
有一天，我收下了（打工的店送的）這個麵包。
非常感謝您！
KAWAII
這個看起來像什麼？
上司
老實說，乍看很像野槌蛇。
我也看成蛇了。
上司
聽說是天鵝。
原來如此。

「哈囉哈囉*」

天氣很熱，所以我買了彈珠汽水口味的
哈囉哈囉。
¥270
MINI STOP
マンゴーサンデー
天氣很熱，所以冰淇淋的部份融得超快。
ミニstop超商的冰淇淋是全日本最好吃的。

皮膚色的
冰淇淋、
椰果、
愛心形寒天，
罐頭蘋果咬起來
爽脆，
彈珠汽水口味的
柔軟透明果凍。
它們和冰淇淋混在
一起，變成了冰淇
淋蘇打汽水，
最後用
藍色刨冰收尾。

* halo-halo，菲律賓甜點，甜豆、果凍、煉乳、碎冰等攪拌而成。

「星巴克的新品」

COFFEE HOUSE 2019
スタアバックス 珈琲
↖紙巾上的商標很棒
我買了星巴克的法式布丁星冰樂。
¥669
有點貴。
吸一口，便會嘗到濃稠又甜的焦糖味
窣嚕
接著是布丁口味的刨冰（？）冰沙。
沙沙
卡士達醬很濃
杯底有果醬似的果凍（？）
很令人懷念的味道。
我把櫻桃留到最後，結果要吃的時候才發現：
奶油讓杯底變得黏呼呼的了。
櫻桃要早點吃比較好。

「吸菸席」

我正在外苑前的VELOCE咖啡店做事。
我抽菸，因此坐吸菸席，
Winston
但不管何時，只要來到吸菸席，
我就會呼吸困難，彷彿每吸一口氣，壽命就會縮短一些。
感覺鼻孔裡都被燻黑了。
好想挖鼻孔。
一小時左右之後，我習慣了氣味和空氣，
突然間，想起了奶奶和爺爺的居酒屋。
大衆酒場
居酒屋
小學的時候，我會一直去居酒屋找他們玩，
那裡頭總是瀰漫著香菸的煙霧。
我有時會突然想起當時吸到的空氣，
突然感到寂寥。

「讓我們好好相處吧」

「可愛動物區」

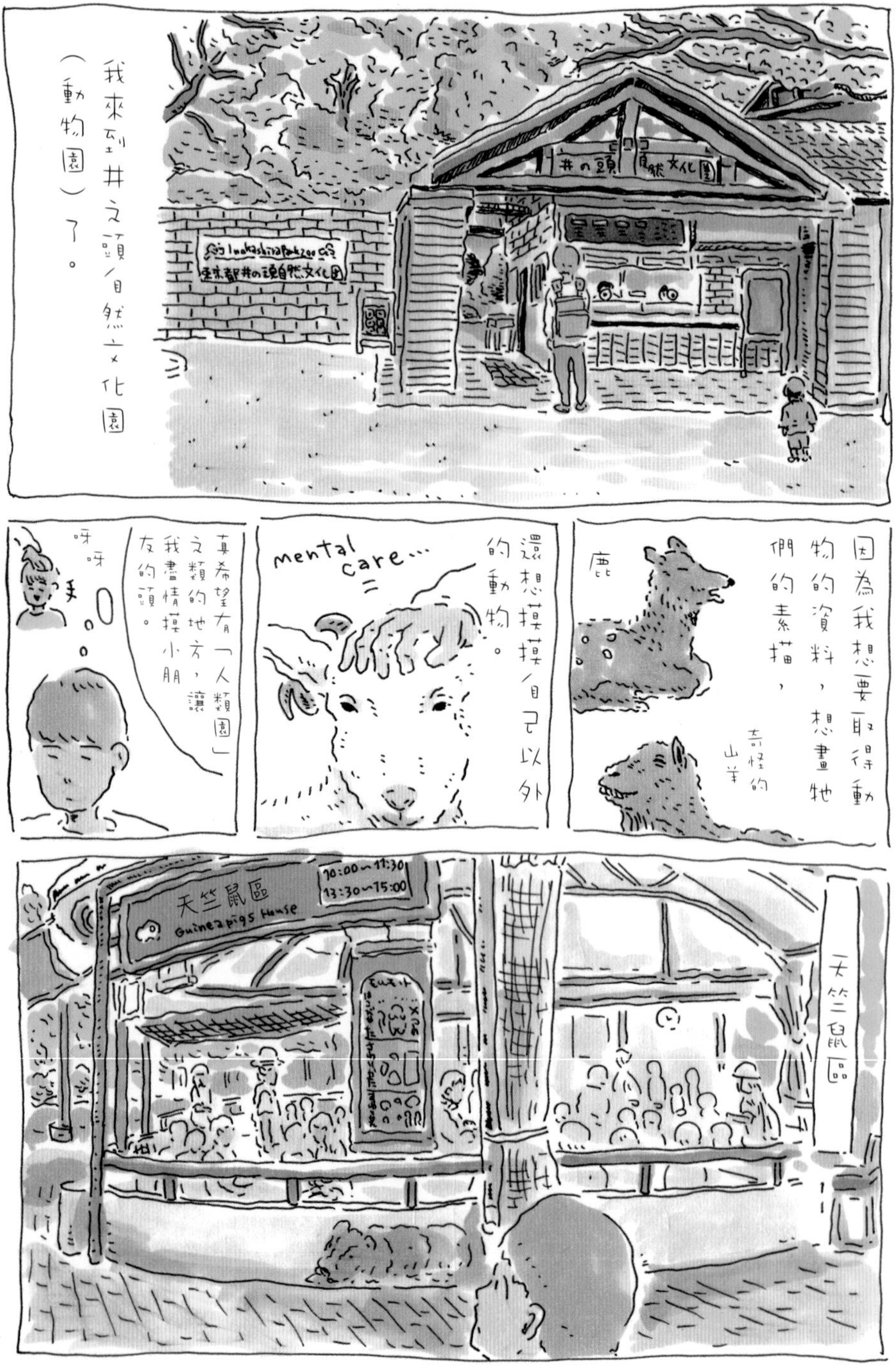

我來到井之頭自然文化園（動物園）了。
井の頭自然文化園
東京都井の頭自然文化園
因為我想要取得動物的資料，想畫牠們的素描，
鹿
奇怪的山羊
還想摸摸自己以外的動物。
mental care…
真希望有「人類園」之類的地方，讓我盡情摸小朋友的頭。
呀呀
天竺鼠區
Guinea pigs House
10:00～11:30
13:30～15:00
天竺鼠區

真溫暖。
吱吱
別抵抗啦。
擺動 擺動
擺動
擺動
擺動
……

「同伴」

「犯罪現場」

「好想抱起豬」

「放輕鬆吧」

「削鉛筆機」

「枇杷」

「我在北海道看了 NUUAMM 的演出」

「我看了GEZAN的電影」

「Seicomart」

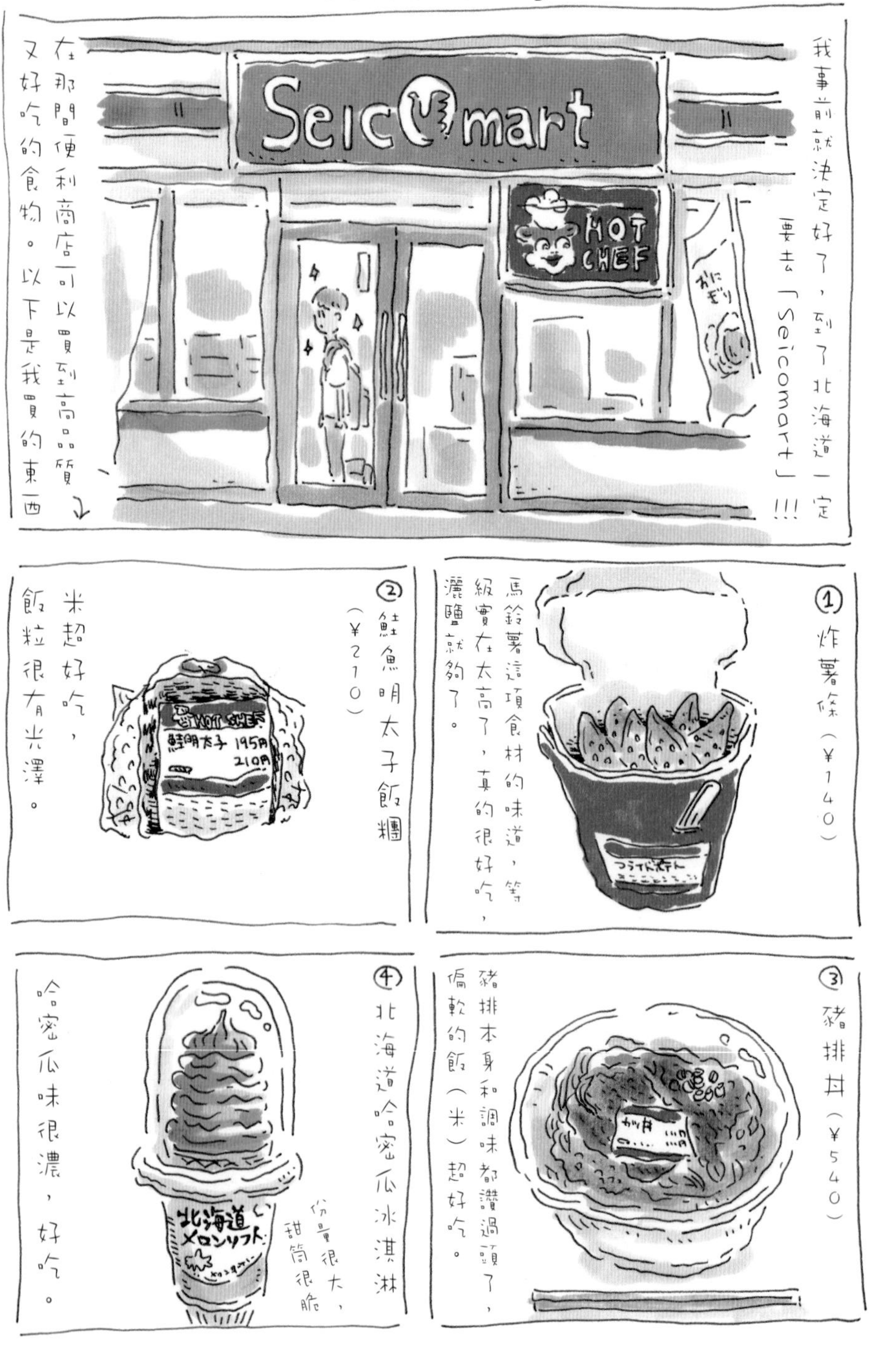
我事前就決定好了，到了北海道一定要去「Seicomart」!!!
Seicomart
HOT CHEF
おにぎり
在那間便利商店可以買到高品質又好吃的食物。以下是我買的東西↓
① 炸薯條（¥140）
馬鈴薯這項食材的味道，等級實在太高了，真的很好吃，灑鹽就夠了。
② 鮭魚明太子飯糰（¥210）
HOT CHEF
鮭明太子 195円
210円
米超好吃，飯粒很有光澤。
③ 豬排丼（¥540）
豬排本身和調味都讚過頭了，偏軟的飯（米）超好吃。
④ 北海道哈密瓜冰淇淋
份量很大，甜筒很脆
北海道
メロンソフト
哈密瓜味很濃，好吃。

「在北海道買的檸檬果醬」

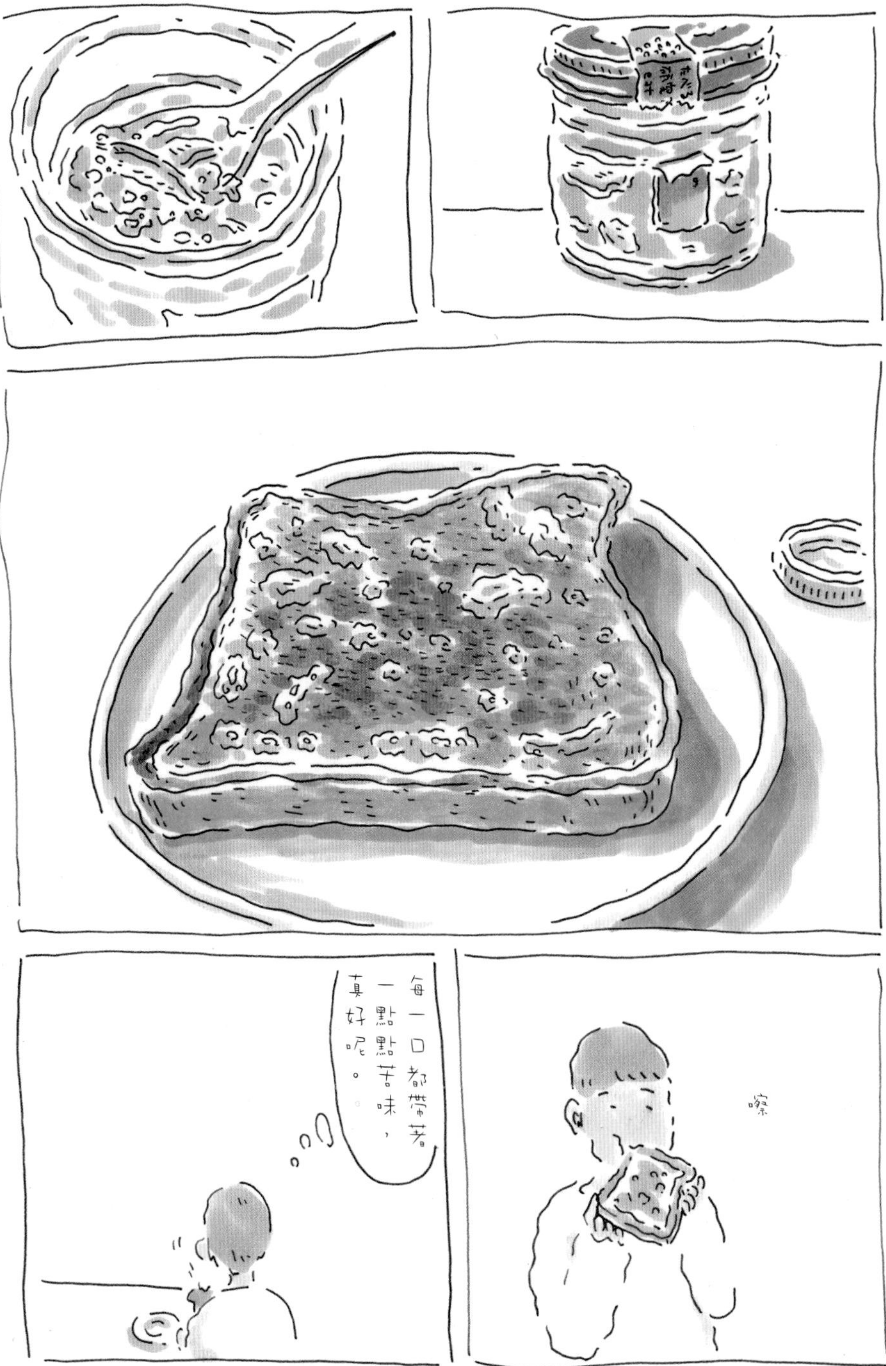
每一口都帶著一點點苦味，真好呢。
嚓

「二子玉川」

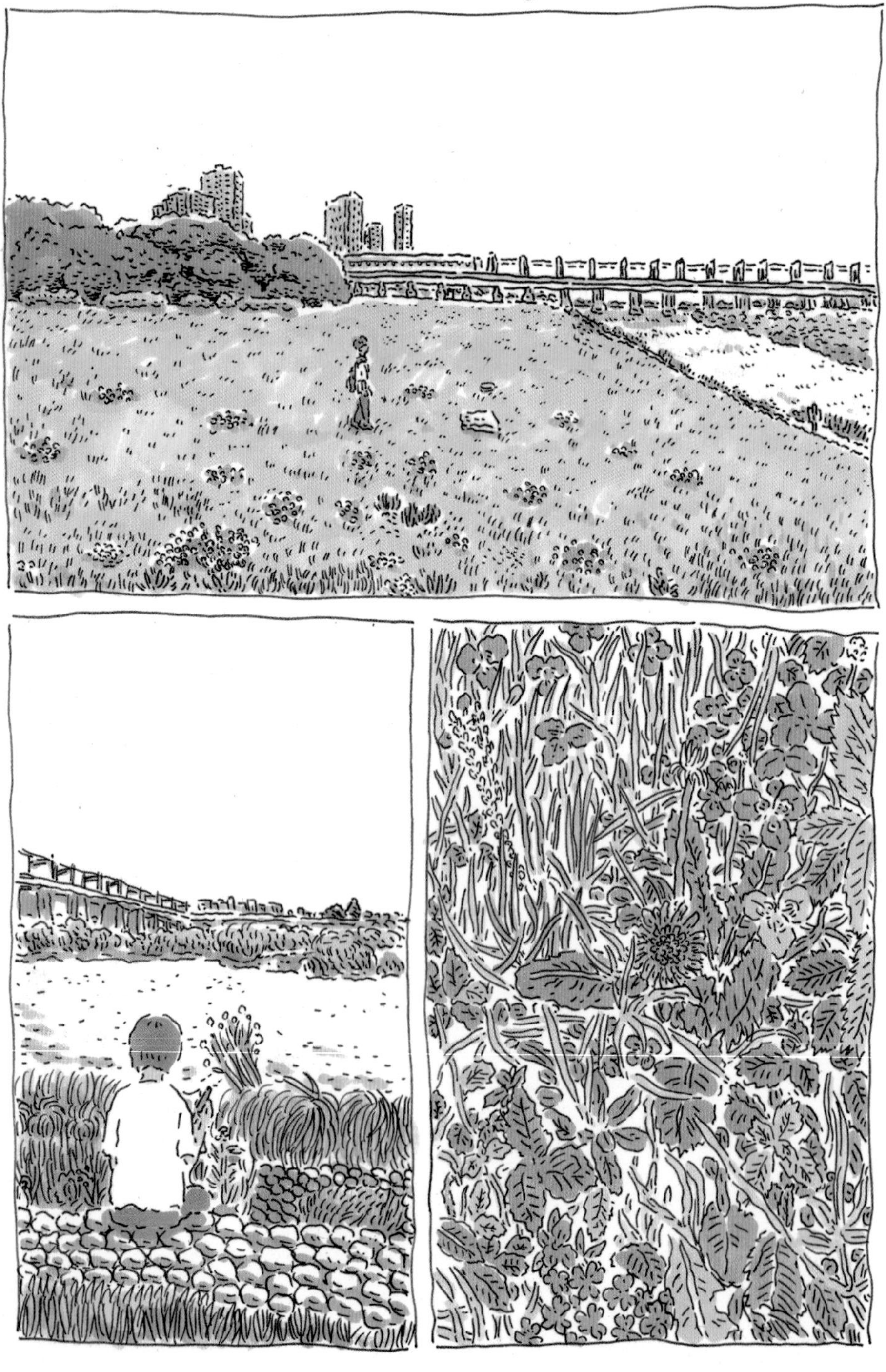

「整理房間」

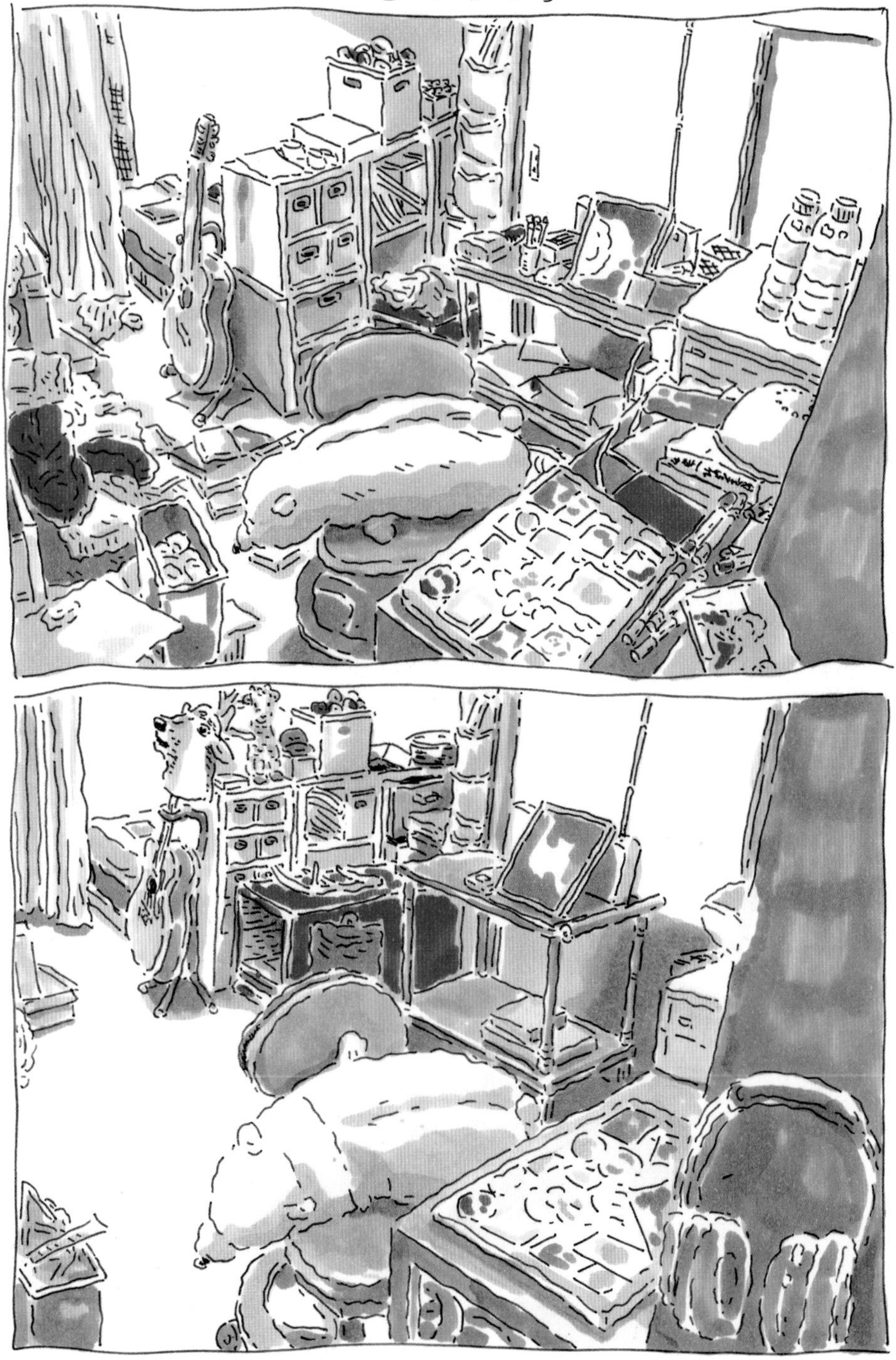

「我想要幸福」

「準備展覽」

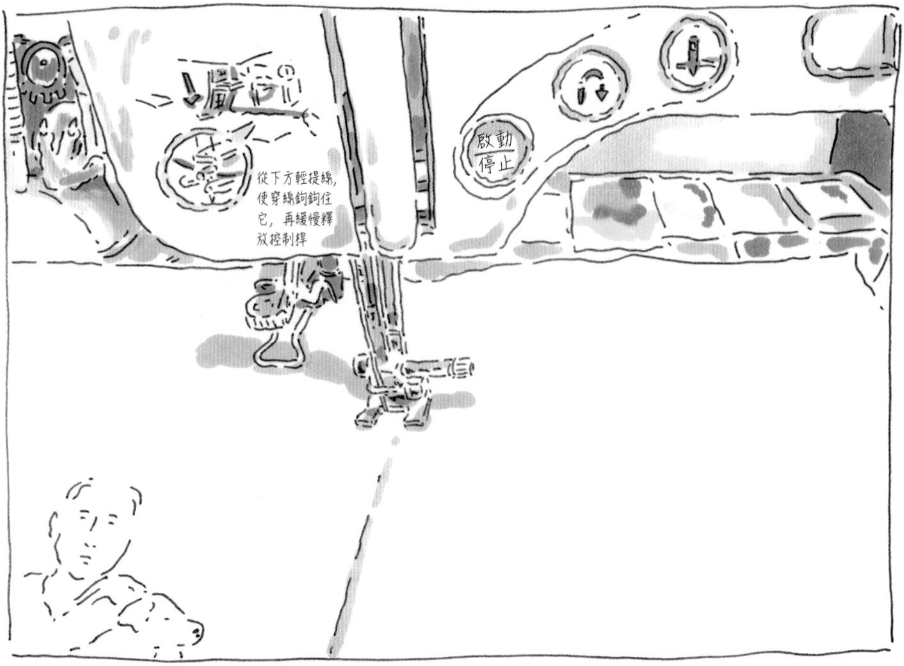
從下方輕提線，使穿線鉤鉤住它，再緩慢釋放控制桿
啟動
停止

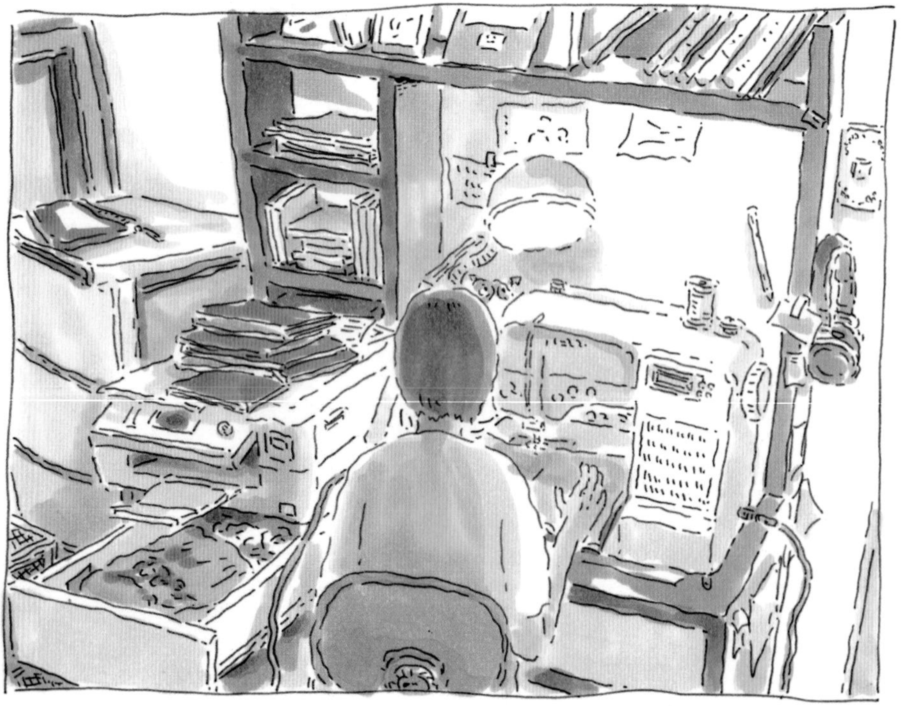

「個展 in 奶奶的居酒屋」

「店鋪二樓」

「提前投票」

提前投票所
受理地點 第3廳舍3樓明堂
受理時間 早上8點30分至晚上8點
注意事項 右記時間以外時間不受理
世田谷區選舉管理委員會

「矢部太郎先生的簽名會」

紀伊國屋書店
KINOKUNIYA
BOOK
紀伊國屋書店
書店

紀伊國屋
KINO
BOOK
KUNIYA
Rilakkun Book Fair
Rilakkun Book Fair

「某處的兩人」

「夏天的氣息」

「大阪的回憶・鶴橋」

ムシ豚・トン足・内臓一式
専門店
やまき食品
6731-1106
1階はおいしい
韓国の食に
関するものを
全部
取り揃えた
お店です
李朝園
KOREAN DINING
2階座敷
30名様
までOK!
自家製
キムチ
食べ放題
TEL 06-6731-2203
自転車を除く
わたしが与える水はその人のうちで泉となり
永遠の命に至る水がわきあがるであろう
日本聖公会

「大阪的回憶・淀川」

「蟬的墳墓」

「曾經在這開花的植物們」

「會是誰折的呢？」

「老媽的早晨」

「走失」

「遇見」

「渋谷的回憶」

BOSS

56 58のりば

みやしたこうえん
安全第一

「槭海星」

「仙人掌花蕾」

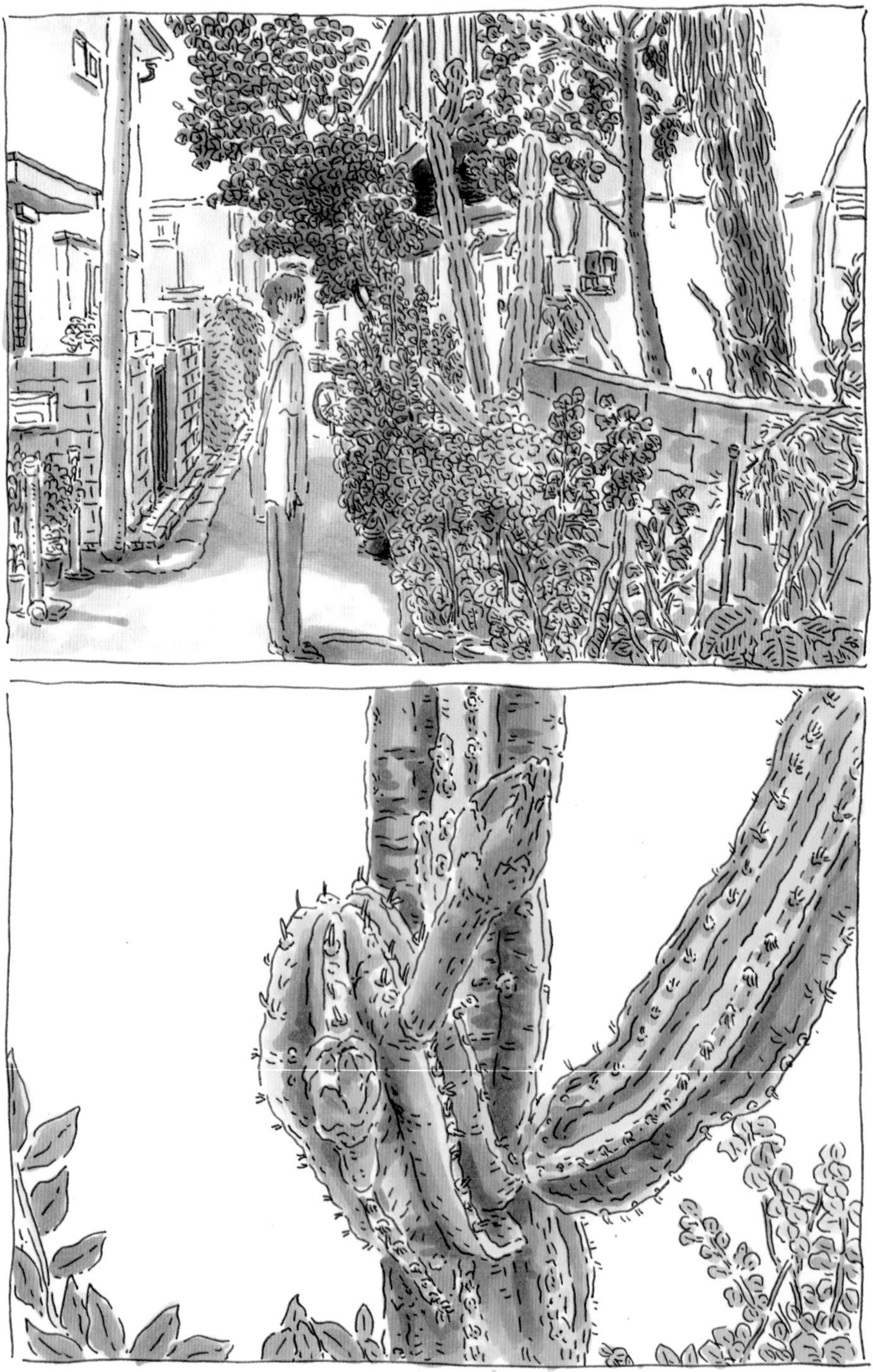

「仙人掌花」

「孤身」

「哈一根」

「普羅旺斯燉菜麵包」

「味噌拉麵」

「畫畫」

仂らける幸は羨ましい
喫煙する所が厳しくなりそうです
ジュースとたばこは相性がいゝ
相思相愛
まあまあ
そんなに急がないで
貴重な人生
ひと息入れて
一服して下さい
SURVIVE

「鴿子」

「爆米花」

「炸竹筴魚」

TOKYU
2019 Christmas
クリスマスセール開催中
ポイント3倍セール
7F
MARUZEN
Merry Xmas
TOKYU

「幽靈」

「繽紛」

2020年
の
人生

「枯萎了，也還是在這裡」

「甜甜的香氣」

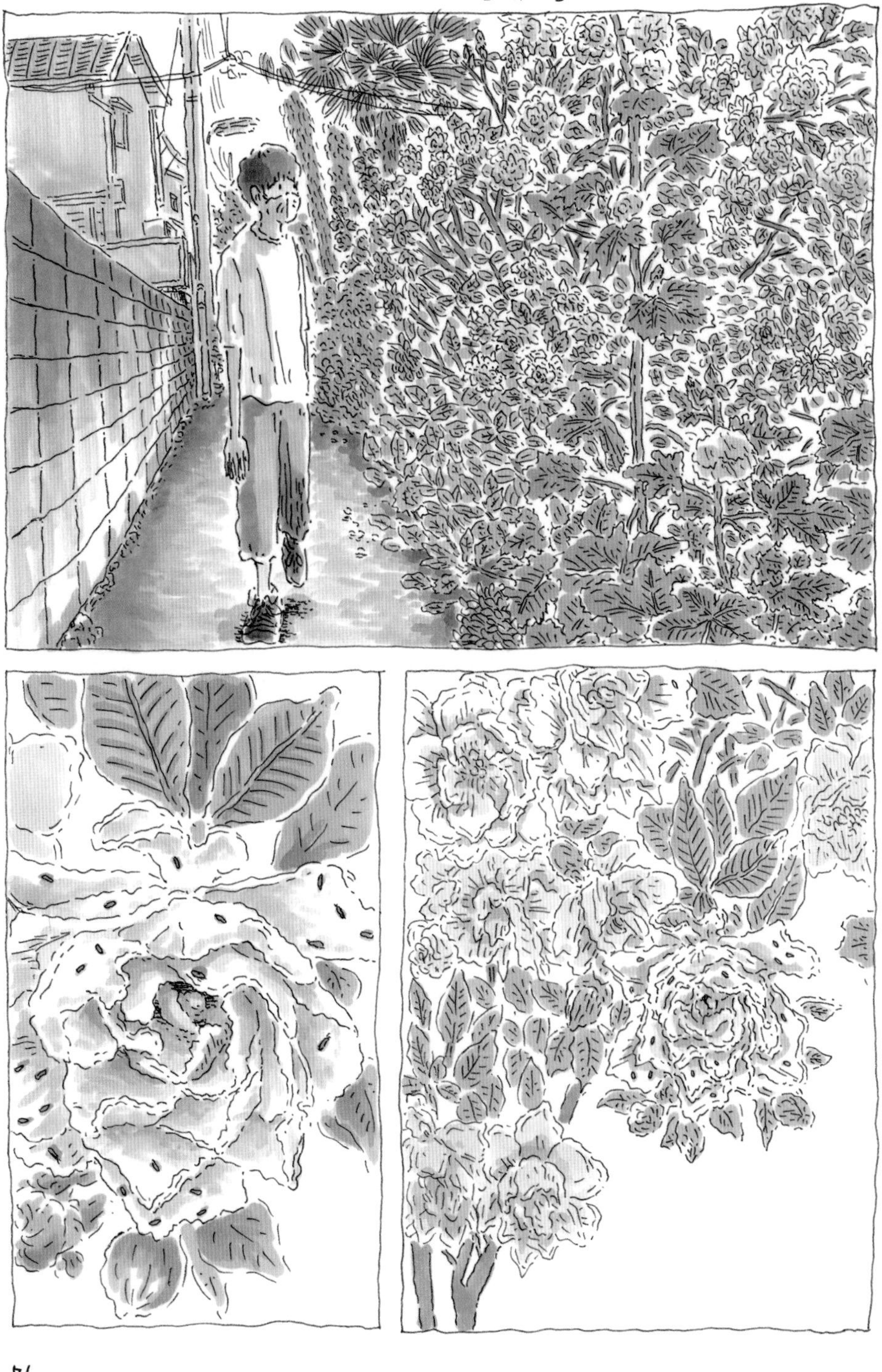

「深夜散歩」

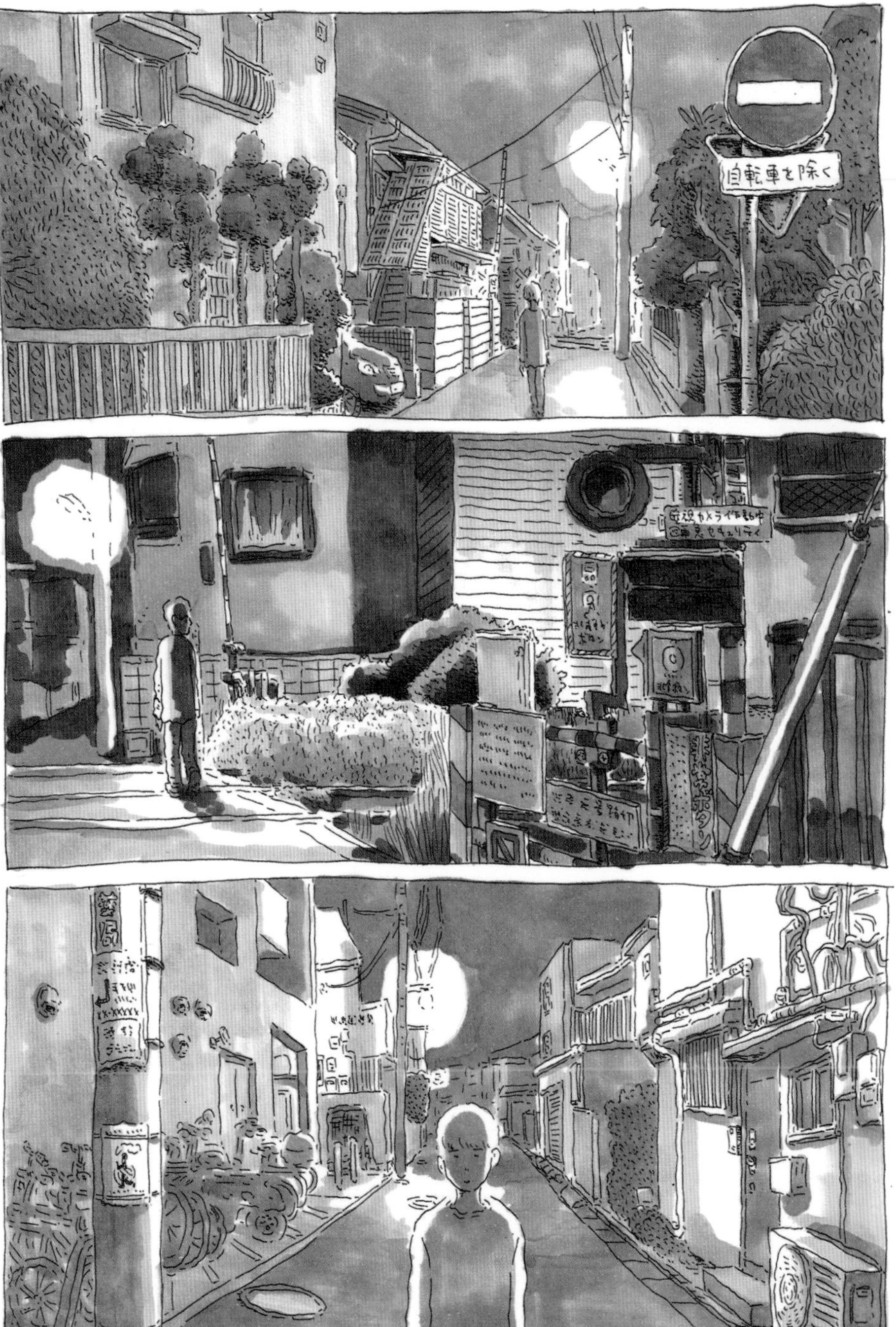
自転車を除く
監視カメラ作動中

「花」

「襪子，毛巾，內褲」

「張貼公告」

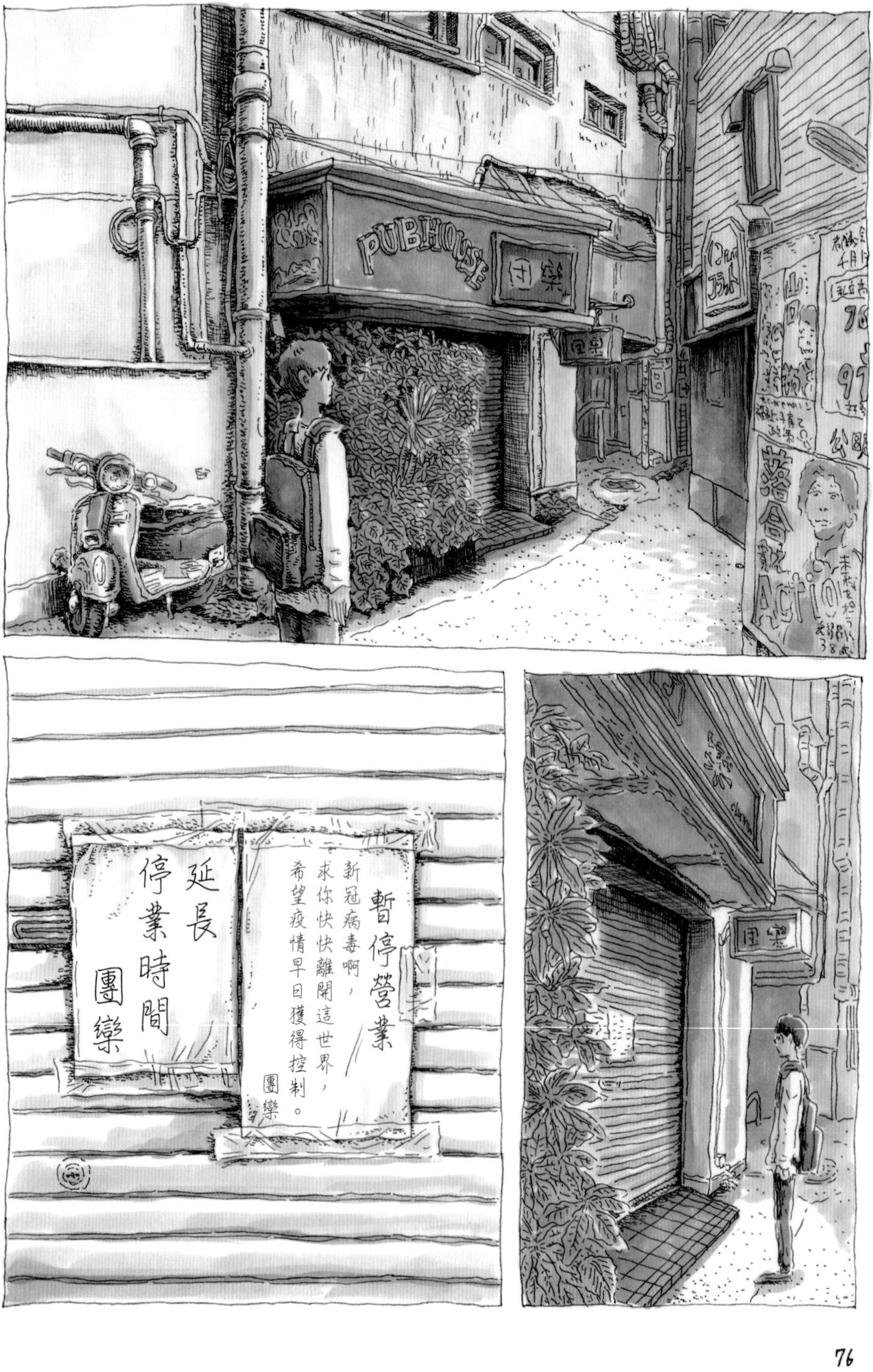
PUBHOUSE
延長
停業時間
團欒
暫停營業
新冠病毒啊，
求你快快離開這世界，
希望疫情早日獲得控制。
團欒

「未來的遺跡」

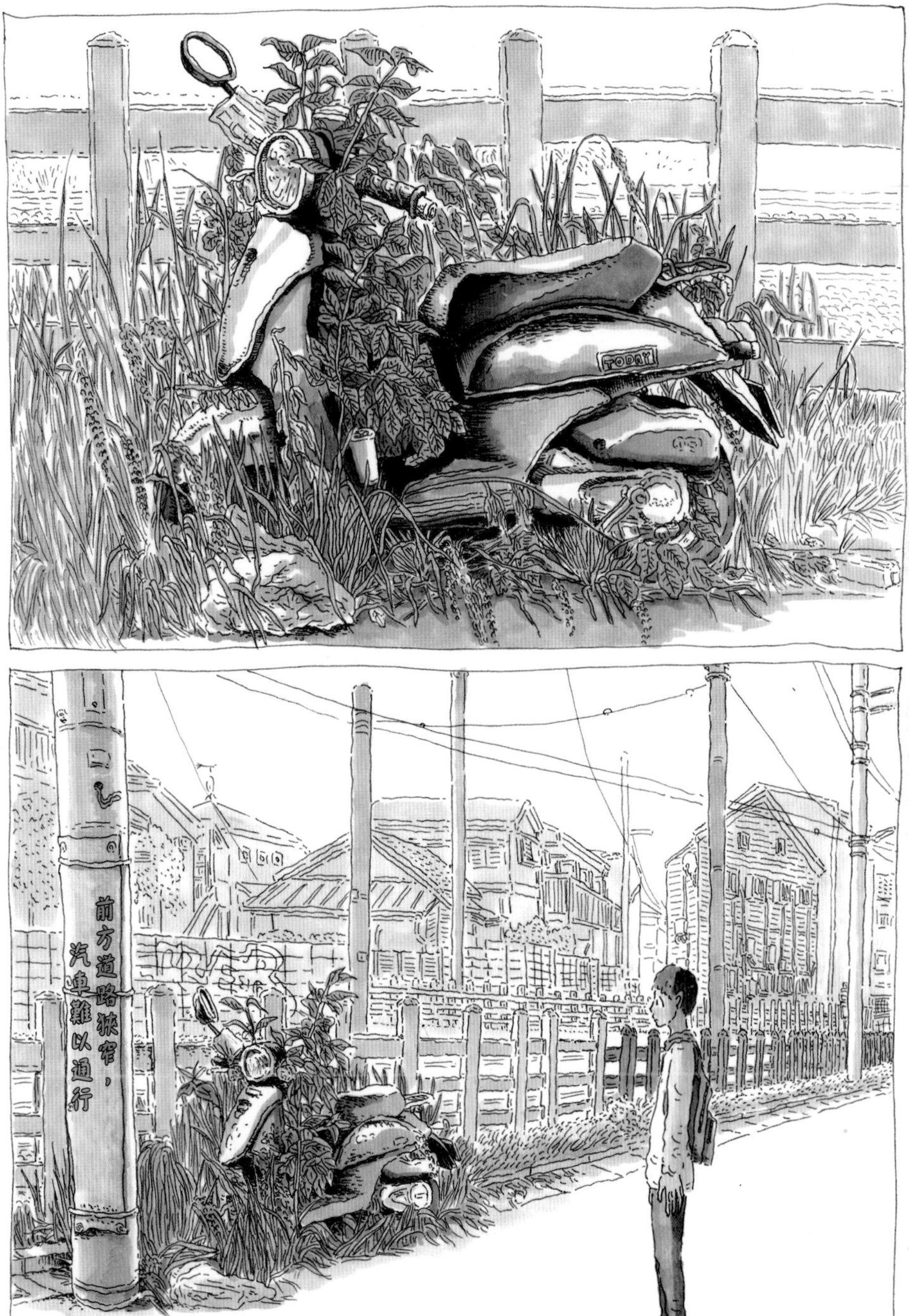

「成雙」

「狸」

「一整團的根」

「多摩川的塗鴉」

「山讓我走在它上頭」

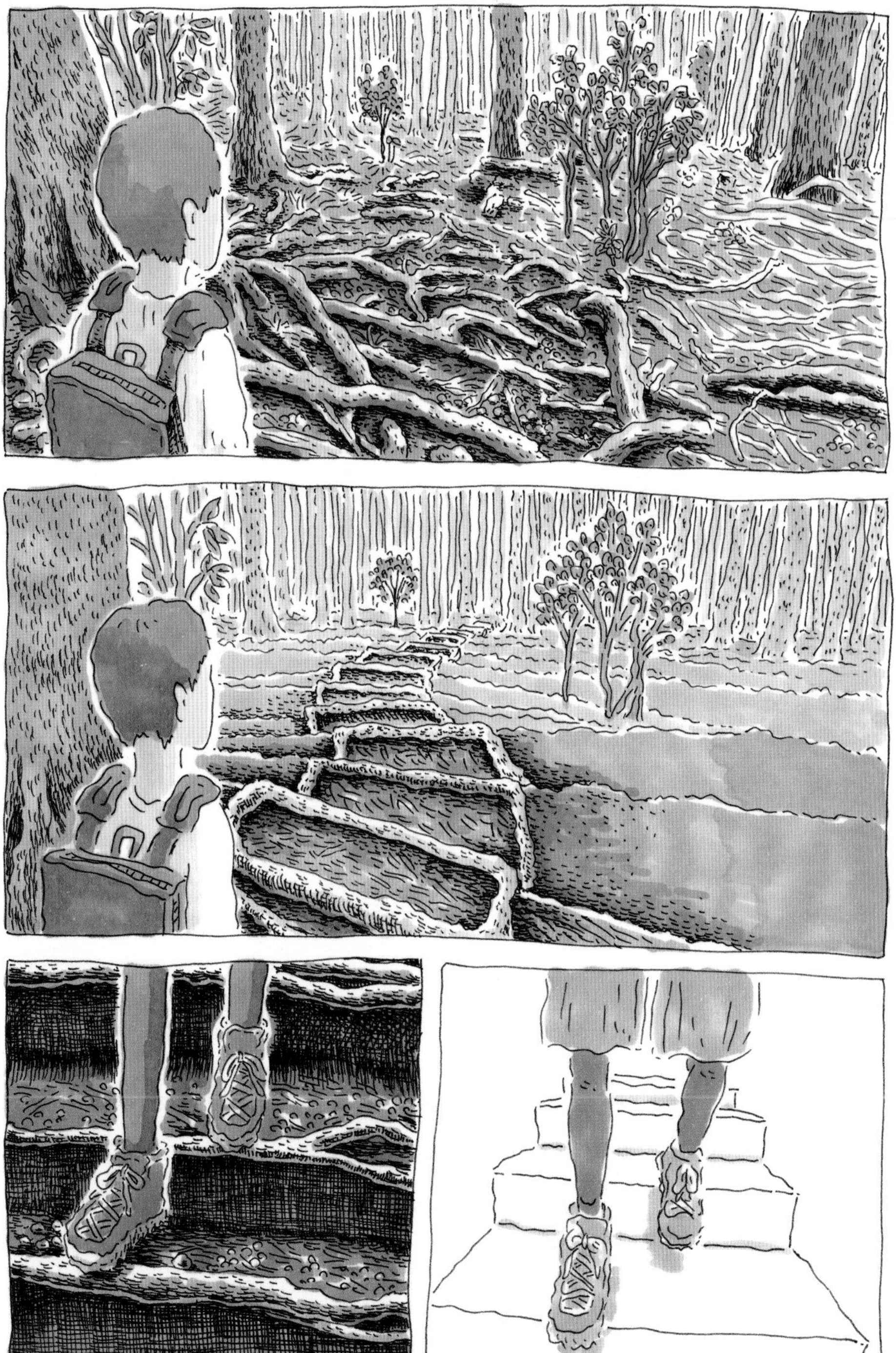

是山，
沙沙沙
讓我走在它上頭。

「生命的滋味」

「貝殻」

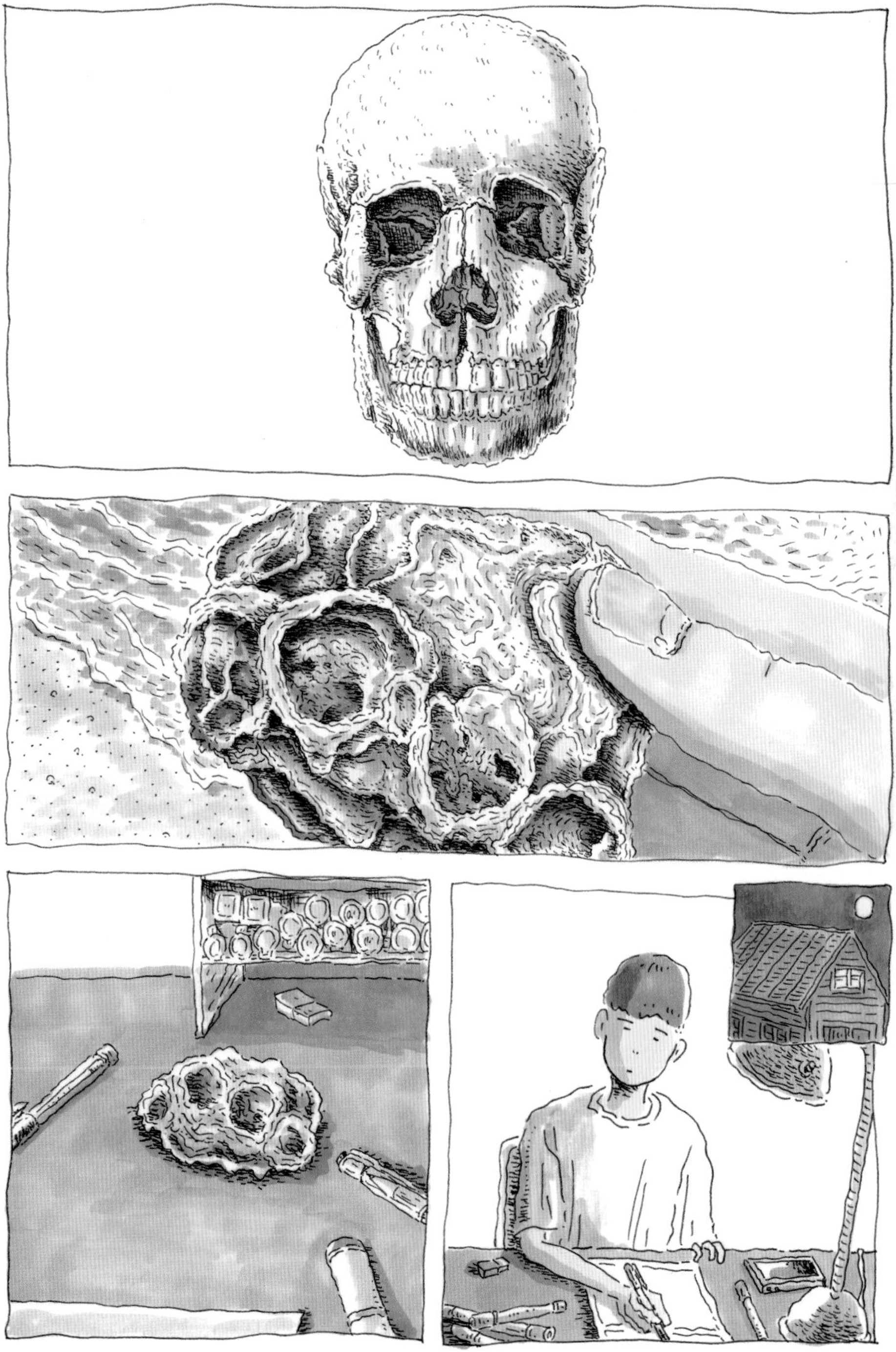

「我喜歡三軒茶屋的那個地方」

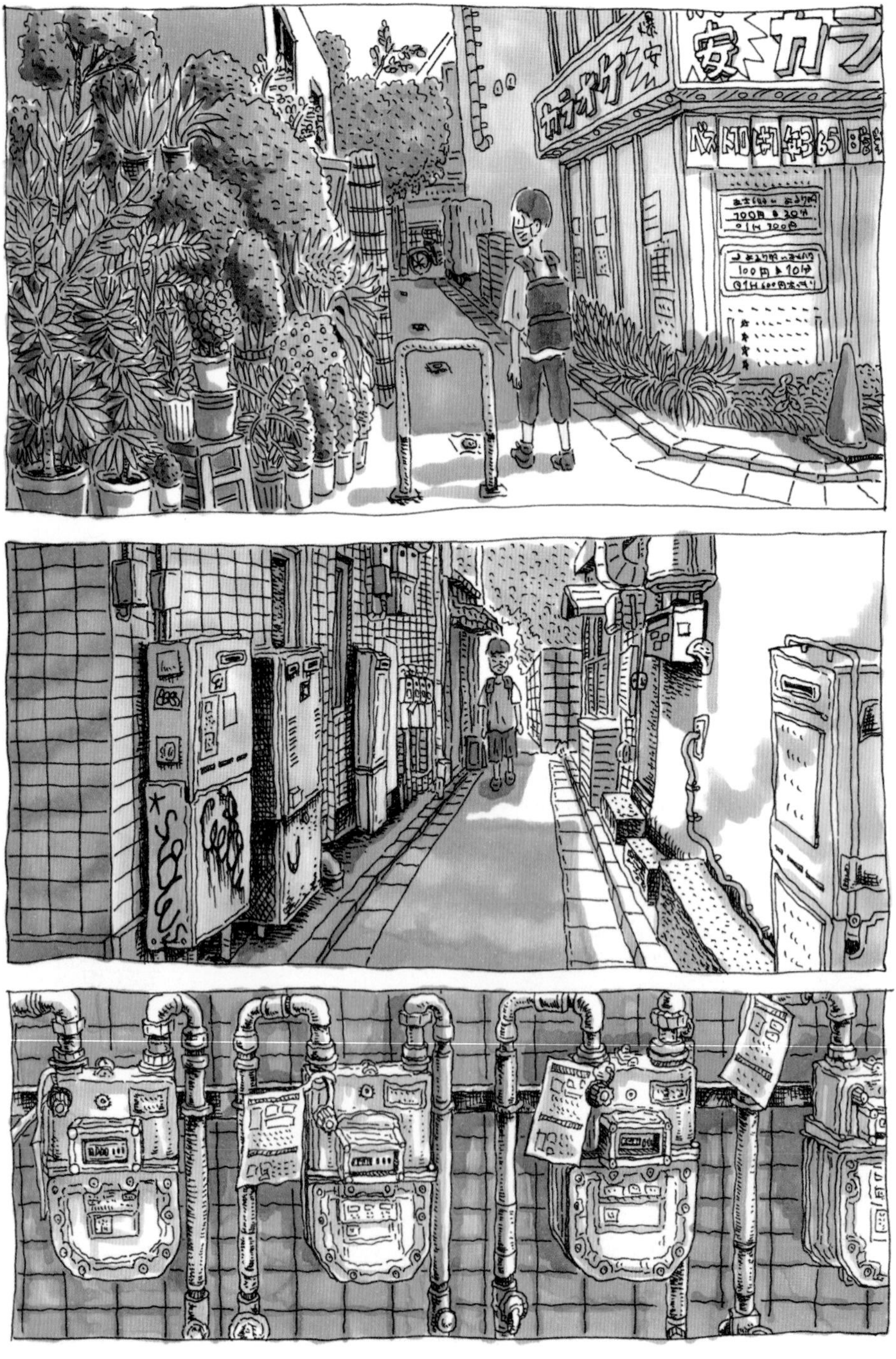

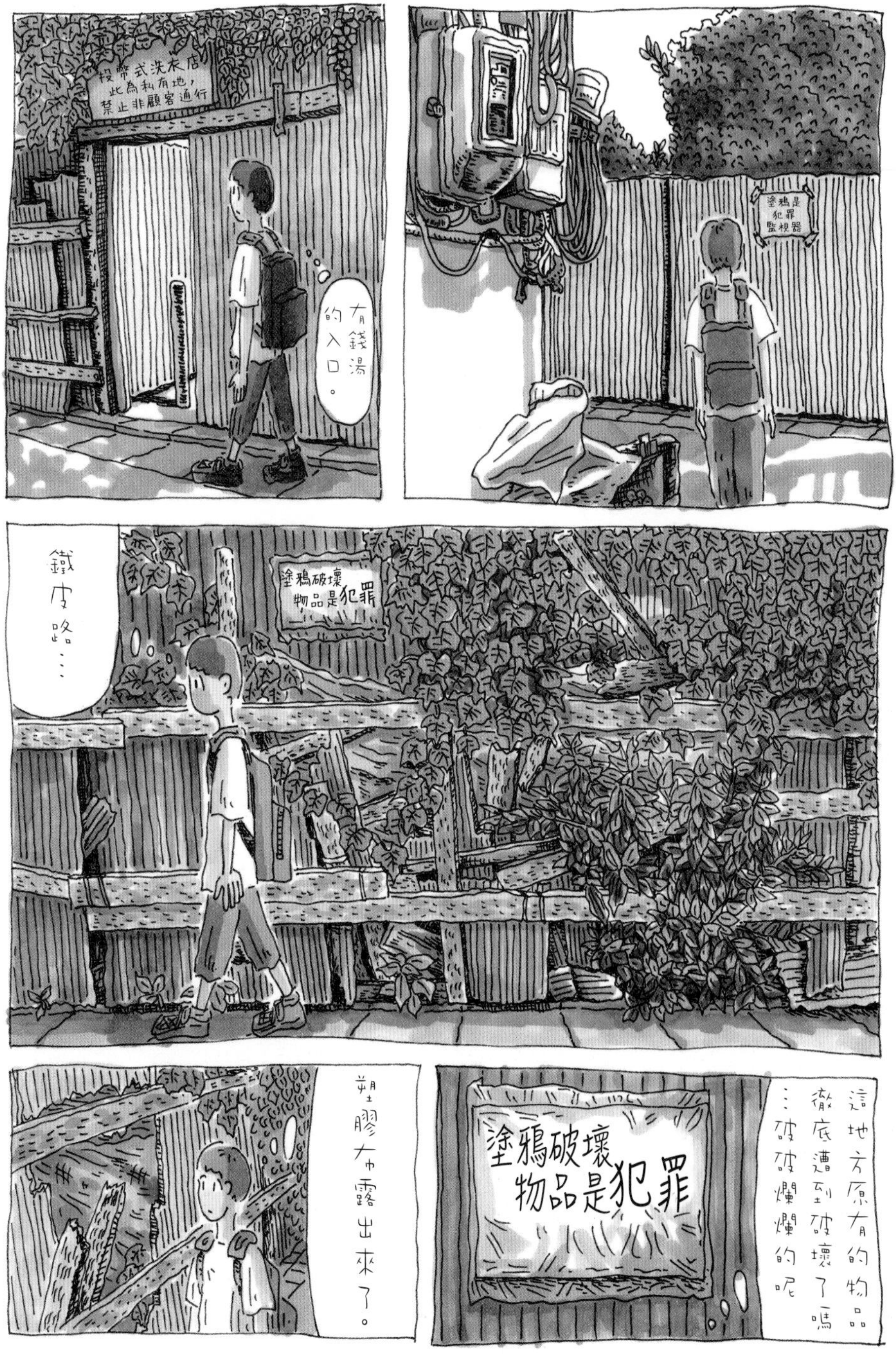
投幣式洗衣店
此為私有地，
禁止非顧客通行
有錢湯的入口。
塗鴉是犯罪
監視器
鐵皮路……
塗鴉破壞物品是犯罪
塑膠布露出來了。
塗鴉破壞物品是犯罪
這地方原有的物品
徹底遭到破壞了嗎
……破破爛爛的呢

相談無料
探偵
0120・22・1111
團樂
danran

BAR
雪
好密集的光景……

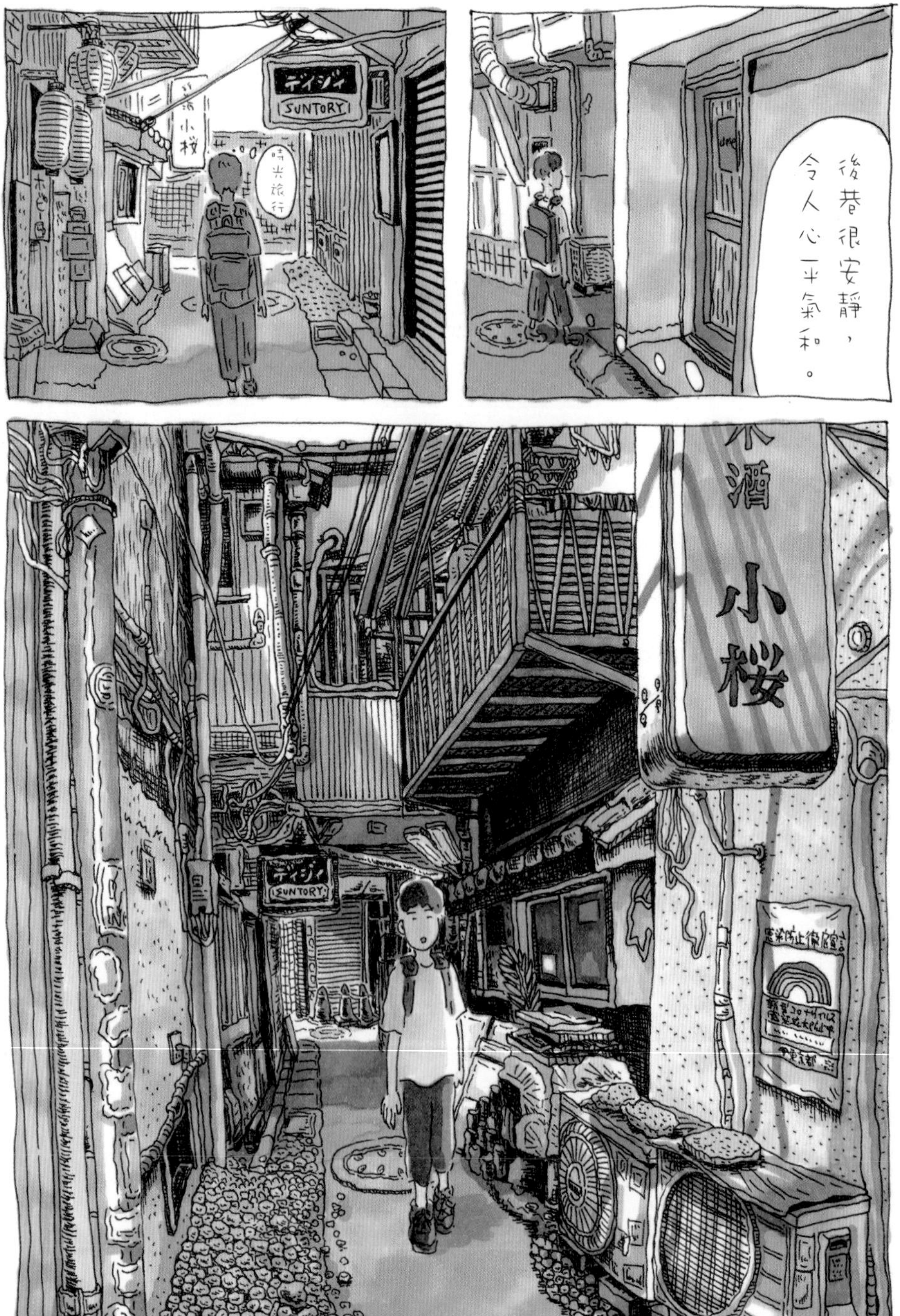
ディジィ
SUNTORY
小桜
時光旅行
後巷很安靜，令人心平氣和。
酒
小桜
ディジィ
SUNTORY

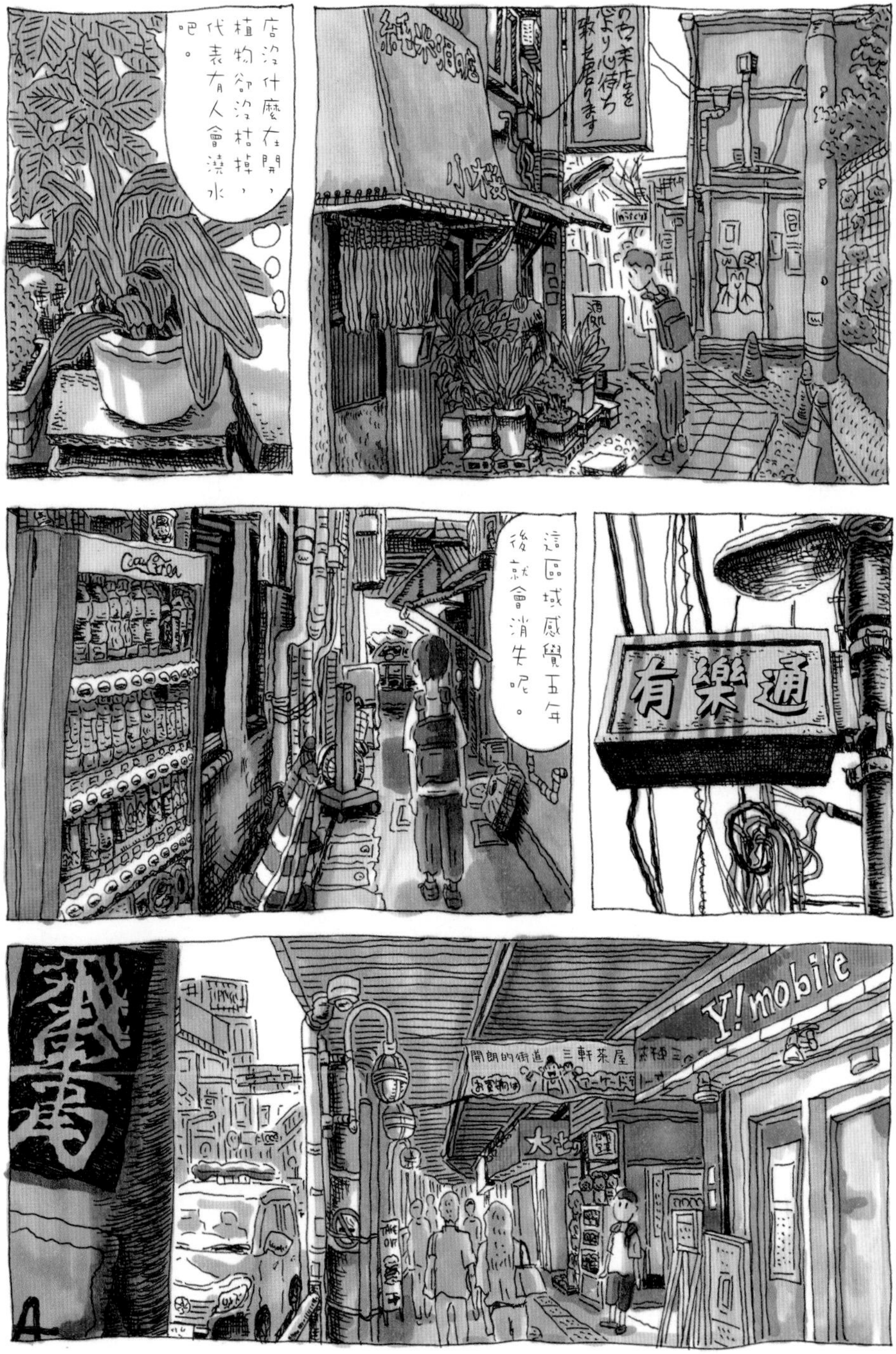
店沒什麼在開，植物卻沒枯掉，代表有人會澆水吧。
小桜
這區域感覺五年後就會消失呢。
有樂通
開朗的街道 三軒茶屋
Y!mobile
TAKE OUT

「備忘」

¥75
1本¥75
ケース¥880
待買
。牛奶（低脂）
。爽口香蕉
。乳酸飲料（兩罐）
下午，請先洗好兩合米
（媽回來再炊）
小黃瓜 先切好，涼拌海蘊
番茄 先切好
豆芽菜 先切好，煮湯用
トマト100%
KAGOME
カゴメトマトジュース

「還以為是真的」

「仙人掌日誌①」

「仙人掌日誌②」

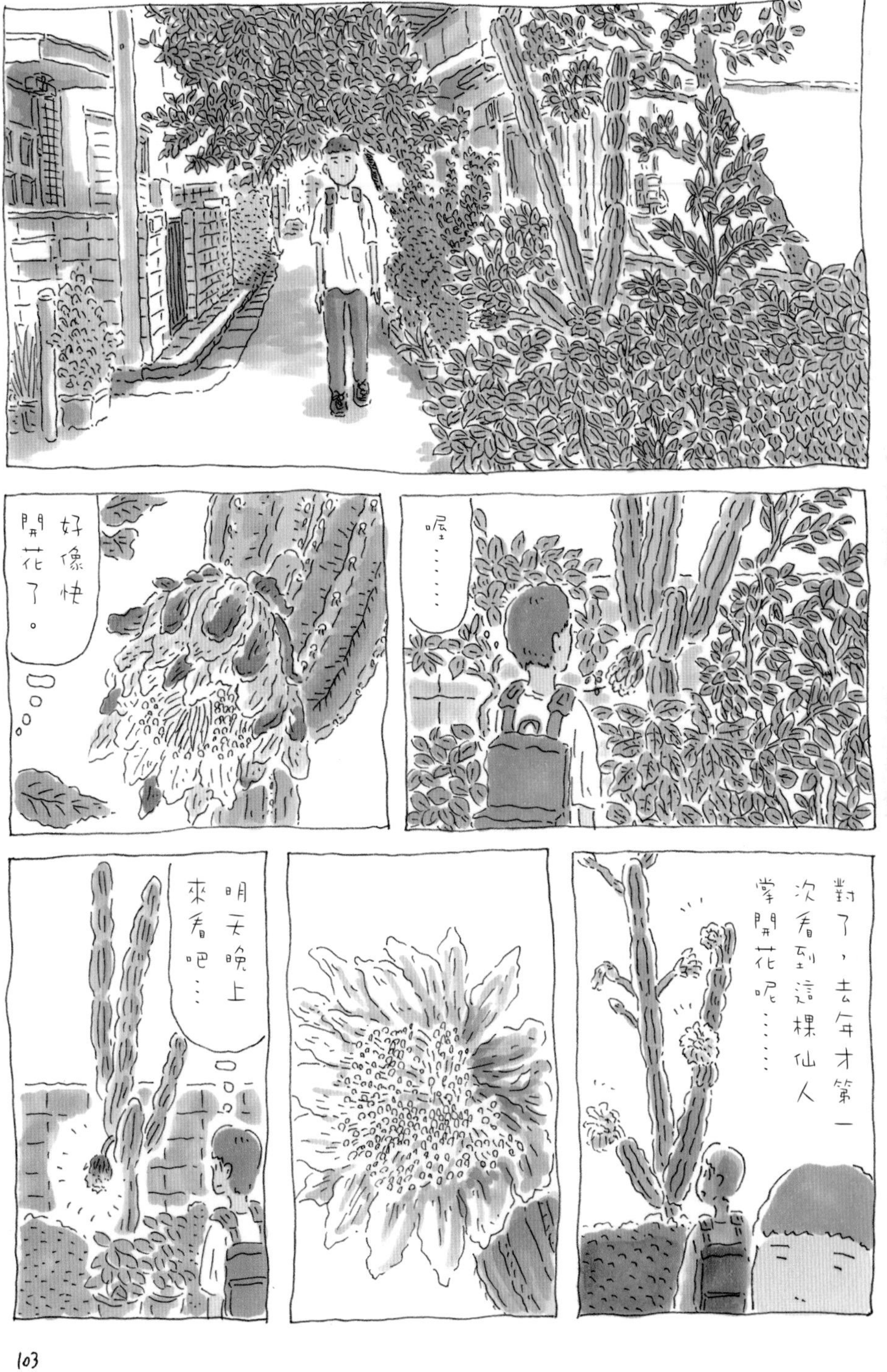
好像快開花了。
喔……
明天晚上來看吧……
對了，去年才第一次看到這棵仙人掌開花呢……

「仙人掌日誌③」

「聚光燈」

「其實很想摸摸牠」

ゴミはお持ち帰りください!

還有臘腸狗……
在看我這邊呢……
……。
路過的人沒什麼注意到小狗耶。
嬰兒車上的小寶寶注意到了……!
和其他狗狗交流……真有精神呀。
有人靠近，貴賓狗好像就會很開心……
撲到送貨員大叔身上了呢……

還是想近一點看牠……
牠很開心，真可愛……
……很想摸摸牠的頭……
搖搖
但現在有新冠肺炎……
摸牠牠就太可憐了……
搖…
而且是別人養的狗狗……
真不好意思……
……

「這種花很美，請帶回去種吧」

* 漫畫家田河水泡筆下的小狗角色，隸屬於軍隊。

理髮店 坪田
他們決定歇業的不久後，
把原本店門口的盆栽，移到鐵路旁排放。

這種花很美，
請帶回去種吧。

這種花很美，
請帶回去種吧。
9月左右開花

那裡曾經貼著一張便條，應該是理容院的人寫的吧。
那時，我真的很希望自己往後也不斷畫出……
這種花很美，請帶回去種吧。
9月左右開花
這種便條紙般的畫吧。

2022年

の

人生

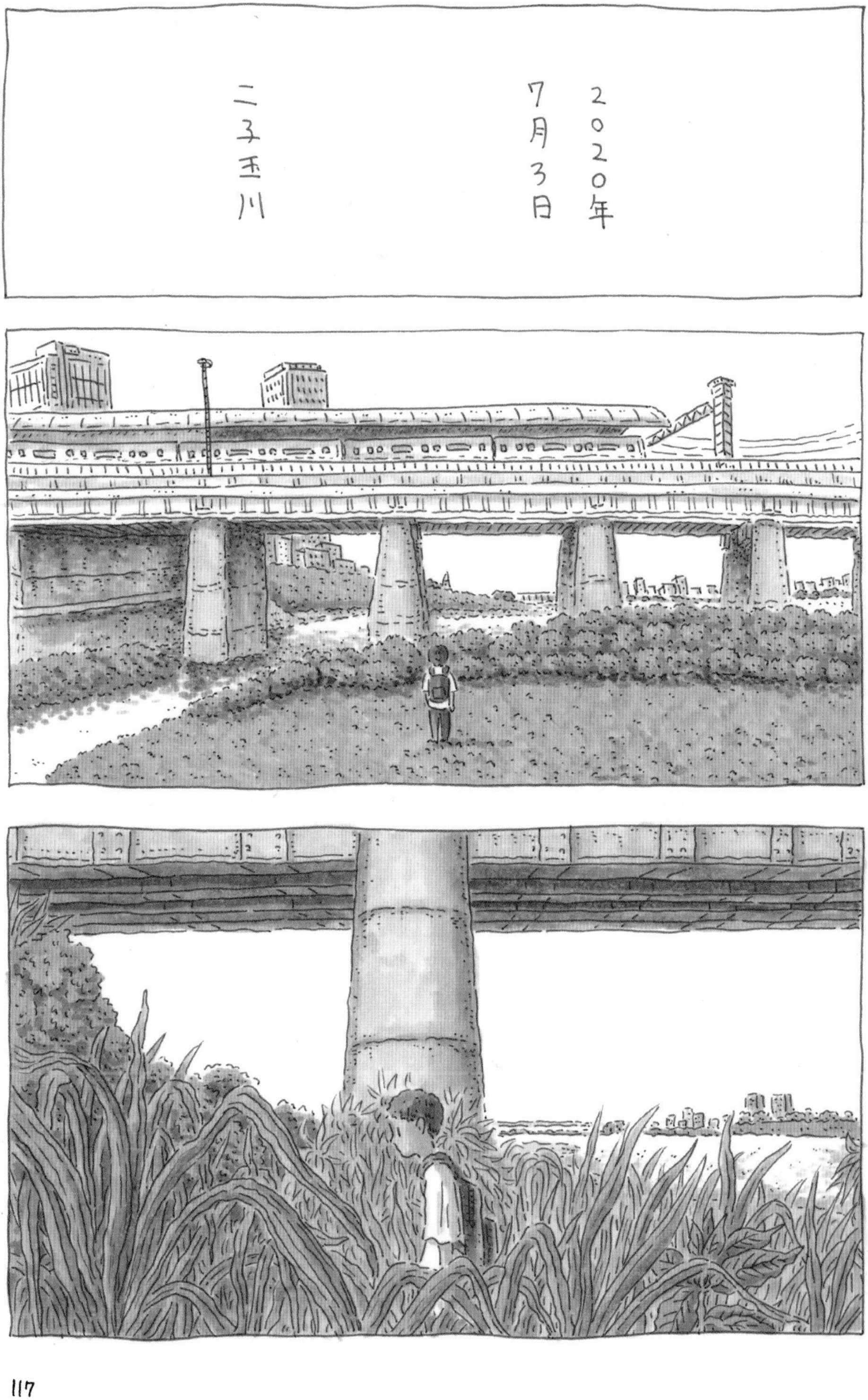
2020年7月3日
二子玉川

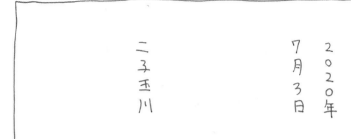

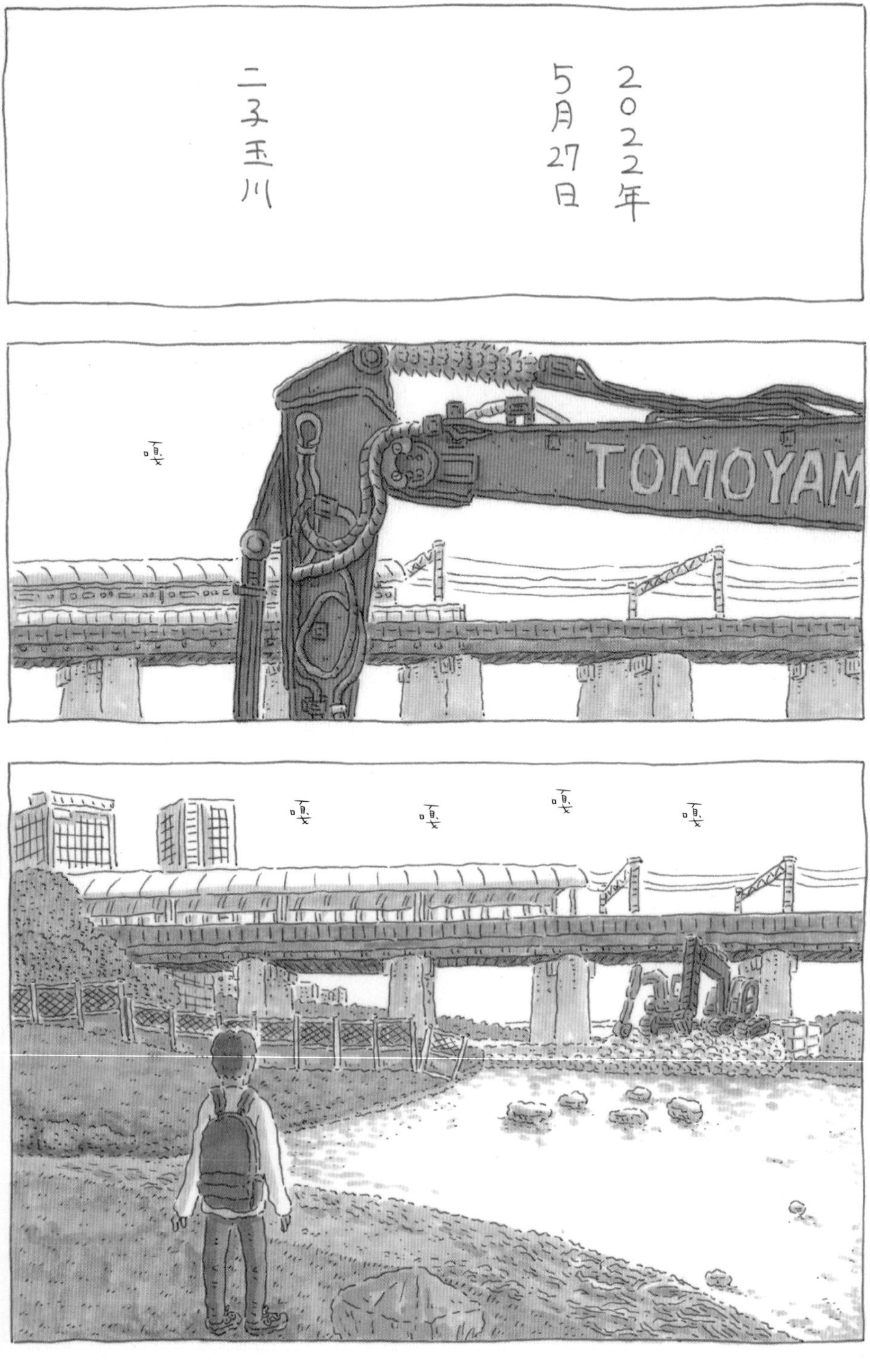
2022年
5月27日
二子玉川
嘎
TOMOYAM
嘎
嘎
嘎
嘎

……那個，
是堤防施工嗎……！
草地變成沙地了……

2019年，颱風19號（哈吉貝）來襲。

在它的影響下，多摩川發生了破紀錄的大氾濫。

據說多摩川附近的民房約80間泡水，約1萬7千名居民離家避難。

攸關人命啊。
反而應該要感激這工程才對⋯⋯
不用再擔心受怕了

2022年
8月24日
二子玉川

草原上形成了一條小河……
他們在河裡玩水
ワー ワー
原來和多摩川相連啊。
……

嘩啦
有臭水溝味呢。
褲腳會濕掉的。

沙
沙
嘩啦

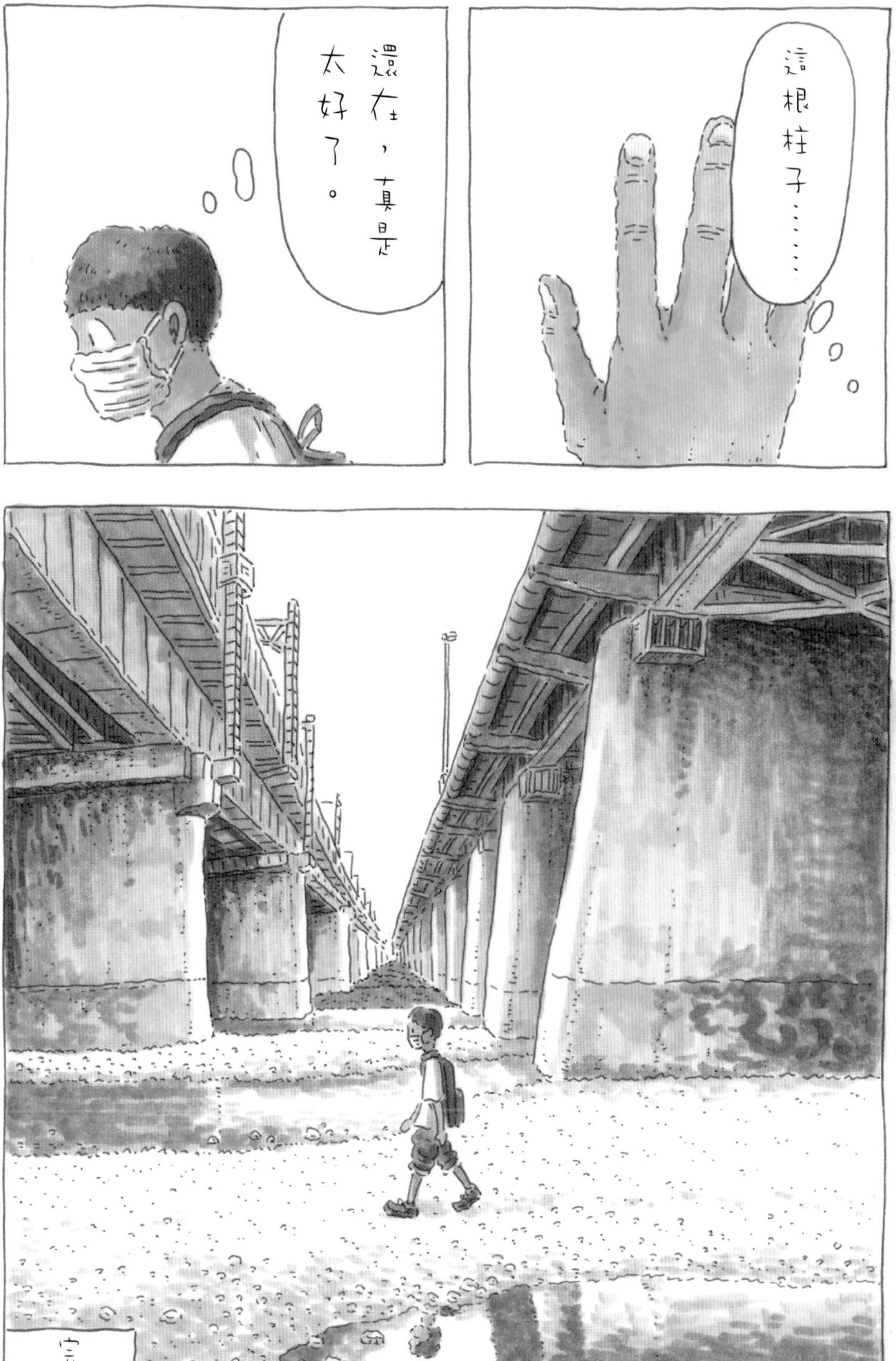
這根柱子……
還在，真是太好了。
完

後記

感謝您翻閱此書。

《才不想把我渺小的人生交給任何人》原本是我在二〇二一年獨立出版的書。

內容算是二〇一九—二〇二〇年間畫的圖畫日記，是我用畫筆留下的，不想遺忘的、令我感到美好的瞬間。當時我處在自顧不暇的狀態，因此製作這本書時懷著一個念頭：我要打造出自己迷惘時的避難所。

進入二〇二一年，內心漸漸有了餘裕，開始會深入調查社會狀況，或者和自己有關的議題。

於是我發現，「逐漸消失的事物」有兩種：應該要接受的事物，不可接受的事物。

有些事我們真的無可奈何，比方說時間流逝帶來的年老和老朽、心愛動物和植物從世界上消失，我們都阻止不了。

不過我逐漸發現，世界上有許多事物是大家一起動起來就可能保留下來的，它們卻毫無道理地遭到消除。比方說美麗的海洋、原本應該開得下去的店家、原本應該要笑嘻嘻度日的生命。

「逐漸消失的事物」之中，有一些是我們絕對不該放棄的。

我開始會思考：該怎麼做，「逐漸消失的事物」才能避免消失的命運？我能為此做什麼？

我不介意別人怎麼看待我個人。身為二〇二二年的經歷者，接下來我想要做我能做的事。

我會像目前這樣每天散步、讓美好事物治癒我，同時按照自己的步調，做我能做的事。

二〇二二年十月二十一日　中村一般

附錄

《才不想把我渺小的人生交給任何人》中文版後記／導讀

凝視那些終將消失的美好事物們

二〇二一年尾，Covid-19 疫情期間，我收到了中村一般的這本書：《才不想把我渺小的人生交給任何人》。那是在東京開書店的好友中山小姐寄來的，中村一般當時自費出版了這本書，在中山小姐經營的 Taco Ché 舉辦了個展。

疫情對我而言不是一個負面的經驗，萬物的生息比過去還要顯著、所有的地方都變得十分安靜、時間彷彿緩了下來。我知道此時的一切在未來都會不同，再者，擾心的事變少了，也就更經常地帶著覺察去活每一個當下。

初讀這本作品時，感覺畫中時間被調慢了幾倍速；如果用創作脈絡去思考，我會說，作者把某些帶著覺察而活的當下，用分鏡保留了下來。

將一個短暫瞬間，運用分鏡拆解至2-4格，就能拉長那一瞬的時間感；因為採用相對性視角，而產生的凝視感，則讓讀者感到視覺感官被放大，敏銳地感受著一個巨大場景中的微小事物。以下我想拆解幾篇深深揪住我視線的極短篇章：

〈整理房間〉，2格。同頁的上下格是同一個視角的房間，上格整理前、下格整理後，一模一樣的物件們，只是位在不同的位置上。這麼簡單的兩張圖，讓我凝視了非常久，弄不清、又想知道到底是什麼打動了我。或許單純只是沒有人會去記錄一模一樣的物件們，在一模一樣的空間中的位置變化。不明的時間感也在這個作品中擺盪著，我們不知道中間過了多久。

〈個展in奶奶的居酒屋〉，3格。右頁上下格是同一個時間、空間下的兩個相反視角，上格是從門口看向櫃臺，我們看見中村的作品、商品佈置在櫃臺前，而櫃臺後站著中村；下格則是從中村肩後所看去的視角，毫無上下文和行動的展現這2個視角，形成了一股巨大的留白。「原來背後看去是這樣的啊。」，就這樣，一個看似毫不重要的角度，被想留存它的作者記錄了下來。這篇還有一張位在左頁全幅的居酒屋二樓，把展覽的「後臺」從櫃臺後延伸到了二樓，不論時間、空間和人的存在感都更加的完整了。

〈會是誰折的呢？〉、**〈爆米花〉**，2格。這二篇都是上格看見佈滿物件的中遠場景、下格近景聚焦中村視線所注意的事物。前篇在密佈物件的一個店面中，他看見了遠處的折紙花盆；後篇是停了機車的人行道上，一包夾在冷氣和電表間的零食。這些篇章表現出了中村在一片龐雜之間所見的幽微細節（讀者在看第二格之前看到的應該都是畫面前景裡較大的物件吧？）。而那股在特寫中濃濃的「在意」感，簡單的透過視線的強調而突顯了出來。

類似的手法還有很多篇，有時則是先看見物件，再拉遠看見場景，如**〈襪子，毛巾，內褲〉**，我們先見到這三個物件，拉遠後才知道，那三件東西竟是在馬路邊所見。調換順序後，被強調的成了場景，這次場景才是這個瞬間的不尋常之處。

同樣的凝視感，有時呈現的不只是物件本身，還有凝視者的心情。同時位於右、左頁的二篇**〈普羅旺斯燉菜麵包〉**和**〈味噌拉麵〉**都和食物有關，是筆者特別喜歡的篇章。前者上格是中村近距離看著舉到眼前的麵包大特寫，下格則是遠景坐在公園張開嘴，眼看就要咬下麵包的中村，這2格幾乎是同一秒的事。喜歡到要畫下來，我想那塊麵包絕對好吃，然而如果只是畫下麵包的樣貌，完全無法呈現讓他感到珍貴又幸福的那個瞬間吧。而後者順序相反，上格先是遠景看見中村站在拉麵店門口凝視著櫥窗，下格是味噌拉麵的特寫，對我而言，這篇表達的是拉麵看起來太好吃了，忍不住就走進了店裡，而「果然好吃、有進來真是太好了」則是我的自行腦補的潛在心情。

這樣的畫法是一種「只能是漫畫」的創作，單幅的插畫少了上述的分鏡力量、攝影無法放入作者本身（若是真的放入，大概也會有一種過於造作的擺拍感）、文字則無法如此直接地置入作者的視線感。

在書中時序進到二〇二〇年後，可以看見像東京這樣大都會的街道上也開始蔓草叢生、店家關閉，然而花仍盛開、步還是要散。經過了百餘頁，我們開始感到了一些反覆，中村不斷地回到他常去的地方，不變的事物仍有變化，多摩川被整治、草地消失，那個被中村凝視過的塗鴉淡了，但仍在那裡；不再營業的店家，門前植物仍好。

一天，一盆他天天凝視的植物上多了那張紙條，中村寫到希望自己往後也不斷畫出像這種紙條一樣的畫，看到這裡我明白了整個創作從何而來、向何而去，而我又為何如此喜歡它。**〈這種花很美，請帶回去種吧。〉**，紙條主人的心意打動了中村，他也希望傳達出他所感受到的微小美好、並靠著畫作找到能夠接住那份美好的人。

以「一般」為名，是相當不一般的選擇。《才不想把我渺小的人生交給任何人》以極簡的分鏡，為看似一般的風景注入了相當不一般的堅強信念。

黃珮珊（慢工文化總編輯）

MANGA 010

才不想把我渺小的人生交給任何人

僕のちっぽけな人生を誰にも渡さないんだ

作　　　者　中村一般
譯　　　者　黃鴻硯
導　　　讀　黃珮珊
美　　　術　林佳瑩
內 頁 排 版　藍天圖物宣字社
社長暨總編輯　湯皓全
出　　　版　鯨嶼文化有限公司
地　　　址　231 新北市新店區民權路 108-3 號 6 樓
電　　　話　(02) 22181417
傳　　　真　(02) 86672166
電 子 信 箱　balaena.islet@bookrep.com.tw

發　　　行　遠足文化事業股份有限公司【讀書共和國出版集團】
地　　　址　231 新北市新店區民權路 108-2 號 9 樓
電　　　話　(02) 22181417
傳　　　真　(02) 86671065
電 子 信 箱　service@bookrep.com.tw
客 服 專 線　0800-221-029
法 律 顧 問　華洋法律事務所 蘇文生律師
印　　　刷　和楹印刷有限公司
初　　　版　2023 年 10 月
初 版 二 刷　2024 年 05 月

定價 450 元
ISBN 978-626-7243-38-1
EISBN 978-626-7243-39-8（PDF）
EISBN 978-626-7243-40-4（EPUB）